ARLEQUIN
SOURD-MUET,

OU

CASSANDRE OPÉRATEUR,

ARLEQUINADE EN VAUDEVILLES,

PAR MM. E. DECOUR ET J. AUDE NEVEU;

Représentée pour la première fois à Paris, sur le THÉATRE DES JEUNES ARTISTES, *rue de Bondy, le 18 Avril 1807.*

A PARIS,

Chez { HÉNÉE et DUMAS, impr.-lib., rue Saint-André-des-Arcs, n°. 3;
MARTINET, Libraire, rue du Coq;
BARBA, Libraire, au Palais du Tribunat;
Et tous les Marchands de Nouveautés.

AVRIL, M. D. CCC. VII.

PERSONNAGES.	ACTEURS.
CASSANDRE, médecin.	M. Lepeintre.
COLOMBINE, sa fille.	Mlle. Eléonore.
ARLEQUIN, prétendu Sourd-Muet, sous le nom d'Augustini.	M. Prudent.
GILLES, élève de Cassandre.	M. Monnier.

La Scène se passe à Bergame.

Nous plaçons la présente Edition sous la sauve-garde des Lois, et poursuivrons toutes celles qui ne seront point revêtues de notre chiffre.

ARLEQUIN
SOURD-MUET,

(Le Théâtre représente le cabinet d'étude de Cassandre ; différens ustensiles de physique sont épars ça et là. Au lever du rideau, Cassandre et Gilles arrangent le cabinet.)

SCÈNE PREMIÈRE.
CASSANDRE, GILLES.

CASSANDRE.

AIR : *Vaudeville de Folie et Raison.*

Mon art vraiment unique
Mérite mon encens :
L'admirable physique
Electrise mes sens.

GILLES.

Avec une baguette blanche,
Je brave l'eau, le feu, le fer,
Et, grâce à vous, j'ai dans ma manche
La terre, le ciel et l'enfer.

ENSEMBLE.

Notre art vraiment unique
Mérite notre encens :
L'admirable physique
Electrise nos sens.

CASSANDRE.

Bravo ! Gilles ; j'aime ton enthousiasme, il fait ton éloge ; tu parviendras, j'en réponds.

GILLES.

Tout cela sera votre ouvrage, M. Cassandre.

CASSANDRE.

Et dont tu profiteras seul.

GILLES.

Oui, mais vous n'aurez rien perdu : logé chez vous depuis deux ans pour apprendre la physique et la médecine, mon père vous paye une pension que vous touchez tous les mois, et je pense que par là vous profitez avant moi.

CASSANDRE.

C'est vrai; mais aussi tu pourras te dire élève de M. Cassandre. Quel avantage pour toi! et pour moi aussi, j'en conviens.

Air : *Vaudeville de l'Opéra-Comique.*

Gilles, tu me feras honneur,
Ton éducation s'achève,
Et le talent du précepteur
Immortalisera l'élève.

GILLES.

Pour forcer l'admiration,
J'en vois qui, cherchant à paraître,
N'ont d'autre réputation
Que celle de leur maître.

CASSANDRE.

Tu n'es pas dans ce cas-là; tu as profité de mes leçons, et il ne te manque plus qu'une occasion favorable pour te faire distinguer.

GILLES.

Que n'ai-je votre renommée !

CASSANDRE.

Cela viendra.

GILLES.

Air : *Vaudeville d'Arlequin afficheur.*

Comme moi, vous savez, papa,
Qu'en tout lieu votre gloire éclate,
Et qu'on vous surnomme déjà
Premier disciple d'Hyppocrate.
Oui, de vos sublimes talens,
Je ne saurais faire la liste......
Mais l'on se souviendra long-tems
De *Cassandre oculiste.*

CASSANDRE.

Grand merci.... Écoute, Gilles, je vois en toi mon élève et mon ami; tu as de l'amour pour ton art, de la tendresse pour ma fille et de l'amitié pour moi; c'est aujourd'hui la Saint-Nicodème, ta fête, je veux la célébrer dignement, en te donnant Colombine pour bouquet.

Air : *Vaudeville de l'Intrigue sur les Toîts.*

Ma fille, jeune, belle et vive,
Est un vrai bouton printannier,
Et comme il faut qu'on le cultive,
Je te nomme son jardinier.
Transplante, greffe, taille, arrose,
Tu verras ce bouton s'ouvrir;
Mais songe à ménager la rose:
En abuser, c'est la flétrir.

GILLES.

Soyez tranquille, papa Cassandre, votre femme-rose est une fière pensée, et je n'oublierai pas votre bouquet. Mais croyez-vous que Colombine ait seulement un légère inclination pour votre serviteur?

CASSANDRE.

J'aime à le croire.

GILLES.

Et moi, je ne crois guère....

CASSANDRE.

Qu'importe, tu seras toujours son mari.

GILLES.

Oui, mais vous le savez, papa Cassandre,

AIR : *de la ronde des Prés Saint-Gervais.*

On aime le premier jour
En mariage,
C'est l'usage.
Mais le second, sans retour,
L'hymen se brouille avec l'amour.
Oui, malgré votre finesse,
Femme jolie, entre nous,
N'est pas toujours la maitresse
De son époux.

ENSEMBLE.

GILLES.	CASSANDRE.
On aime le premier jour,	Payé d'un tendre retour,
En mariage,	Dans ton ménage,
C'est l'usage ;	Je le gage,
Mais le second, sans retour,	Tu verras l'hymen un jour
L'hymen se brouille avec l'amour.	Donner l'existence à l'amour.

CASSANDRE.

Si la femme a des caprices,
C'est que souvent, mon ami,
Ce défaut parvient des vices
De son mari.

GILLES.

Pour moi, je suis vertueux, et cela me rassure.

ENSEMBLE.

GILLES.	CASSANDRE.
Payé d'un tendre retour,	Payé d'un tendre retour,
Dans mon ménage,	Dans ton ménage,
Je le gage,	Je le gage,
Je verrai l'hymen un jour	Tu verras l'hymen un jour
Donner l'existence à l'amour.	Donner l'existence à l'amour.

GILLES.

C'est décidé, je suis époux, à mes risques et périls.... Ce qui me chiffonne, c'est ce diable d'Arlequin dont mademoiselle

Colombine parle tant, et que nous ne connaissons ni l'un ni l'autre : un maudit voyage que vous avez eu l'imprudence de lui laisser faire à Paris, il y a six mois, est ce qui cause tout mon chagrin.

CASSANDRE.

Que veux-tu ? je ne pouvais l'empêcher; elle brûlait de voir son oncle, mon frère, le second de la famille des Cassandre. Au surplus, ne crains rien, Arlequin et toi ne passerez jamais par la même porte, car je lui ferme la mienne.

GILLES.

Ah! papa, quelle félicité!... Concevez-vous toute ma joie? Madame Gilles.... cela ronfle ça!

SCENE II.
COLOMBINE, CASSANDRE, GILLES.

COLOMBINE, *accourant*.

Mon père ! mon père ! (*apercevant Gilles.*) Encore ce Gilles ici....

GILLES.

Bonjour, mademoiselle Colombine.

COLOMBINE, *à part*.

Le nigaud!....

GILLES.

C'est votre Gilles qui vous parle.

COLOMBINE, *à part*.

L'imbécille!

GILLES.

C'est moi.... Et vous ne répondez pas ?

CASSANDRE.

Mais réponds donc, ma fille; un bonjour en demande un autre.....

GILLES.

Au terme où nous sommes.....

COLOMBINE.

Que voulez-vous dire ?

GILLES.

AIR : *De la Dansomanie.*

Par un destin qui m'est bien doux,
Je vais être de la famille;
Ce soir, je serai votre époux,
Demain, vous ne serez plus fille.

COLOMBINE.

Pour vous louer d'un tel bonheur,
Mon aveu, je crois, est utile...
Tenez, je le dis en honneur,
Je ne veux point d'un mari, Gilles.

GILLES.
Ah! vous dédaignez un mari....

COLOMBINE.
Ma seule envie est de rester toujours avec mon père.... lui que j'aime tant !

CASSANDRE, *ému.*
J'approuve ce sentiment filial, il m'attendrit..... Viens m'embrasser, fille incomparable! (*il l'embrasse.*) Mais, écoute donc, en épousant Gilles, tu pourras ne point me quitter, puisqu'il doit rester, sinon mon élève, du moins mon associé.

COLOMBINE.
Je suis encore bien jeune pour me marier, mon père.

GILLES.
Devenez ma femme, et nous serons heureux plus long-tems; car je suis jeune aussi.

COLOMBINE.
AIR : *Vaudeville de Lasthénie.*

A l'hymen n'allez pas offrir
Votre jeunesse pour offrande ;
Le lien qui peut se flétrir
N'est pas toujours une guirlande.
Bravant les soupirs et les pleurs,
L'hymen à l'autel nous entraîne...
Le tems, qui fait tomber les fleurs,
Finit par découvrir la chaîne.

CASSANDRE, *à part.*
Elle a, ma foi, raison.

GILLES.
En dépit de tout, vous serez ma femme...... Ah! ça, je bavarde là, et les momens s'écoulent.... je descends au laboratoire.... Pendant que je vais souffler le feu des fourneaux, tâchez, M. Cassandre, d'attiser dans le cœur de ma belle future l'amour que j'ai pour elle.

CASSANDRE.
Non, je descends avec toi.... Allons, ma fille, je vous permets d'adorer Gilles, et de donner à votre amour virginal l'extension dont il est susceptible. (*Ils sortent.*)

SCÈNE III.
COLOMBINE, *seule.*

Voyez un peu le beau nom que celui de madame Gilles ! Cependant, hélas ! je serai peut-être bien obligée de le porter, si mon père ne se rend point à mes raisons..... Il ordonnera.... j'obéirai...., et cela, sans pouvoir lui tout avouer....

Air : *Ne fais pas un crime à moi.*

Mon cœur voudrait en liberté,
Choisir celui qui sait lui plaire;
Mais, par malheur, sa volonté
N'est pas la volonté d'un père.
Lorsqu'une fille sage a peur
D'un vieillard un peu trop farouche,
Jamais le secret de son cœur
Ne peut venir jusqu'à sa bouche.

Eh! mais, pourquoi tant m'alarmer? tandis que j'ai si près de moi celui qui m'est si cher.... (*Elle tire de la poche de son tablier un portrait.*) Le voilà, ce pauvre Arlequin! C'est pour la première fois de sa vie, peut-être, qu'étant avec sa Colombine, il reste muet... Comme il est ressemblant! il me sourit, il me parle, et semble me dire : *Je t'adore.*

Air : *Cette nuit, mon âme abusée.* (Cassandre aveugle.)

Plus j'admire cette peinture,
Plus je reconnais Arlequin;
C'est bien sa grâce, sa tournure,
 Son œil malin,
 Son air taquin.
Art séduisant, ta bienfaisance,
D'un ami supplée au retour;
Pour en rapprocher la distance,
Tu fus inventé par l'amour.

J'entends du bruit, cachons vite mon amant.

SCENE IV.

CASSANDRE, GILLES, COLOMBINE.

GILLES et CASSANDRE, *ensemble.*

Air : *Ah! la bonne nouvelle.*

Vive, vive Cassandre,
Rien ne peut l'égaler :
Sourd, on vient pour l'entendre,
Muet, pour lui parler.

CASSANDRE.

Près de Newton, de Pline,
Je serai, sans effort,
Sur la double colline,
Inscrit... après ma mort.

CHOEUR.

Vive, vive Cassandre, etc.

COLOMBINE.

Quelque bonheur, je pense,
Vous rend joyeux ainsi.

CASSANDRE.

Un sourd-muet s'avance.

GILLES.

Et vient dîner ici.

CHOEUR.

Vive, vive Cassandre,
Rien ne peut l'égaler :
Sourd, où vient pour l'entendre,
Muet, pour lui parler.

CASSANDRE.

Oui, mon enfant, embrasse un grand homme dans ton père. Un sourd-muet, qui veut bien m'accorder sa confiance, arrive à l'instant dans cette ville, et me fait l'honneur de descendre chez moi, pour me consulter sur son fâcheux accident et s... les moyens de le guérir.

COLOMBINE.

Quoi ! mon père, ce n'est que cela ?

CASSANDRE.

Comment, Mademoiselle, n'est-ce point assez ?... Ne concevez-vous pas tout le bonheur qui plane sur ma tête, si j'opère cette cure miraculeuse ?

COLOMBINE.

Cet homme, à mes yeux, n'offre rien de surprenant.

AIR : *du Ballet des Pierrots.*

Je crois qu'il est très-ordinaire
De rencontrer de ces gens-là :
Vous ne devriez pas, mon père,
Vous énorgueillir de cela.
Si, près du pauvre, un riche passe,
Il est muet à ses discours ;
Et lorsqu'on demande une grâce,
On parle souvent à des sourds.

CASSANDRE.

Allons, allons, c'est bon, petite raisonneuse, rentrez dans votre appartement, et souvenez-vous que demain le premier des Gilles deviendra mon gendre.

GILLES.

Oui, demain....

COLOMBINE, *vivement.*

Vous serez encore garçon, M. Gilles.

CASSANDRE.

Comment, fille indisciplinée, vous osez....

GILLES.

Oui, Mademoiselle, vous osez.... Je suis tout blanc de colère !

CASSANDRE, *à Gilles.*

Ne vous échauffez pas, mon ami, cela fait mal : ce soir,

cette petite sera moins cruelle. Occupons-nous de notre importante affaire, et relisons cette lettre.... Écoutez, ma fille, et extasiez-vous.

Air : *Oh! oh! oh! ah! ah! ah!*
« Un sourd-muet vous donne avis,
» Illustre et grand Cassandre,
» Que venant tout droit de Paris,
» Chez vous il va descendre. »
Signé, Augustini.

TOUS, *avec enthousiasme.*
Oh! oh! oh! ah! ah! ah!
Rien n'égale cet honneur-là!
La la.

ARLEQUIN, *ouvrant la porte du fond.*
Oh! oh! oh! ah! ah! ah!
Ils avalent ce goujon-là
La la.   (*Arlequin se retire.*)

CASSANDRE.
Gilles, mon ami, il faut tout préparer pour le recevoir. Ah! quel jour! quel jour! Sortons : Colombine, suivez-moi. J'en perdrai la tête !

GILLES.
Et moi l'esprit.

COLOMBINE, *à part.*
C'est déjà fait.

EN CHOEUR.
Vive, vive Cassandre,
Rien ne peut l'égaler,
Sourd, on vient pour l'entendre.
Muet, pour lui parler.   (*Ils sortent.*)

SCÈNE V.

ARLEQUIN, *seul, entrant furtivement.*

Vivat! ma lettre vient de produire un effet merveilleux! j'ai tout vu, tout entendu. Le bonhomme Cassandre est un père de comédie; Gilles est bête comme un Gilles; et comme on dit que je ne suis point un sot, il me sera facile de les jouer. Rien ne m'est étranger, j'ai fait tant de choses en ma vie !

Air : *De la Blonde et de la Brune.*
J'ai fait cent métiers sur terre :
Peintre, je fus barbouilleur,
Puis *fripier, portier, libraire,*
Et long-tems bon *afficheur.*
L'Amour, qui guide mon âme,
Me fait Prothée à l'instant;

Et sitôt que je la réclame.
Quoique toujours amant,
Je suis *tyran*,
Charlatan,
Prince, auteur;
Comme acteur,
Ce soir,
On va me voir
Sourd-muet à Bergame.

Je ris de l'aventure !.... Une lettre de Colombine m'apprend qu'elle est sur le point d'épouser un Gilles; je demande un congé à mon directeur, il me l'accorde, je pars : je me présente chez le vieux Cassandre, et me voici. Il s'agit maintenant d'aveugler un père, de chasser un rival et de conclure mon mariage.... Comme comédien, j'ai déjà dans l'esprit mille et une intrigues..... Allons, guerre ouverte, et entrons en bataille.

A IR : *Du Pas redoublé.*

Du combat j'entends le signal,
Battons-nous sans alarmes;
Cassandre et mon maudit rival
Vont mettre bas les armes.
Sans peine, je serai vainqueur,
Mon âme est martiale,
Car je sens l'amour dans mon cœur
Battre la générale.

Je veux, sans fifre et sans tambour,
Me mettant en campagne,
Prendre d'assaut, dans ce beau jour,
Mon aimable compagne.
De ma gloire, chaque matin,
L'Amour, près de sa mère,
Ira crier le bulletin
Dans l'île de Cythère.

C'est décidé, dès ce moment je suis fantassin, et j'attends l'ennemi.

SCENE VI.
ARLEQUIN, COLOMBINE.

COLOMBINE.

Oh! ciel! dois-je en croire mes yeux ? Arlequin? ma surprise est extrême!... Quel plaisir! quelle joie! Mais par quel hasard?... Parle, parle, réponds vîte.

ARLEQUIN.

(*Il reste muet, et témoigne sa joie*, sur l'air : *Aussitôt que je l'aperçois.*)

COLOMBINE.

Vous ne répondez pas? fi, que c'est vilain! Monsieur; je

vous fais amitié, je vous témoigne le plaisir que j'ai à vous voir, et vous ne dites rien.... Mais, ingrat, réponds-moi donc!

ARLEQUIN.

(*Par des gestes expressifs, il marque sont contentement; et veut embrasser Colombine. L'orchestre joue l'air*: Toujours joyeux, toujours content.)

COLOMBINE, *le repoussant.*

Non, Monsieur, je n'embrasse pas quelqu'un qui perd la parole en me voyant.... Ah! vous continuez? eh bien, adieu.

(*Elle va pour sortir.*)

ARLEQUIN.

(*Il la retient, et lui fait mille singeries.*)

COLOMBINE, *revenant.*

AIR : *Quand on dort près de la mer.*

De ce long silence, Arlequin,
Fais-moi donc connaître la cause;
Toi, mon cher, qui parle si bien!
Franchement, je ne comprends rien
A ta sotte métamorphose.
Tu n'es pas de ces gens, je crois,
Qui forceraient à l'indulgence,
S'ils pouvaient, une bonne fois,
Par raison (*bis*) garder le silence.

Eh! quoi? encore sans me répondre? Oh! pour le coup, c'est trop fort! Tu y mets de l'entêtement? eh bien, j'en mettrai aussi.... Tu parleras, et nous verrons.

ARLEQUIN, *à part.*

Oh! sangodémi! ma langue ne tient plus qu'à un fil.

COLOMBINE, *à part.*

Je vais entrer en accommodement.

AIR : *de la Parole.*

J'ai, pour le forcer, un secret
Qui réussira, je l'espère.
(*Haut.*) Cesse enfin d'être sourd-muet,
Si ta Colombine t'est chère;
Arlequin, calme mes esprits,
Dès ce moment, quitte ce rôle,
Ah! assure mes sens surpris,
Et tu m'embrasseras...

ARLEQUIN, *vivement.*

Ce prix
Me fait retrouver (*bis*) la parole. (*Il l'embrasse.*)

COLOMBINE.

Ah! Monsieur, vous ne faites les choses que par intérêt!

ARLEQUIN.

J'aime à faire fortune.

COLOMBINE.

En ce cas, je t'enrichirai.... Mais par quel hasard es-tu ici, et quel est ton projet?

ARLEQUIN.

T'épouser.

COLOMBINE.

Par quel moyen?

ARLEQUIN.

Tu le sauras.

AIR : *d'Angélique et Melcour.*

Sur tout ce que tu pourras voir
Garde le plus profond silence,
Et pardonne si, pour ce soir,
J'ose te mettre en pénitence.
Souviens-toi bien qu'en ces momens,
Guidé par une ardeur extrême,
Je ne prononce et je n'entends
Que le joli mot, *je t'aime.*

COLOMBINE.

J'y consens; mais répète-le moi souvent.

ARLEQUIN.

Souviens-toi qu'aujourd'hui je ne suis point Arlequin, mais bien Augustini, sourd-muet de naissance.

COLOMBINE.

Ne va pas te trahir!

ARLEQUIN.

Ne crains rien, j'y ai trop d'intérêt.

COLOMBINE, *riant.*

Il est heureux que je ne sois pas à ta place; car moi, femme, je ne pourrais y tenir.

CASSANDRE, *appelant dans la coulisse.*

Colombine! Colombine!

ARLEQUIN.

J'entends ton père.

COLOMBINE.

Tais-toi.

SCENE VII.
CASSANDRE, ARLEQUIN, COLOMBINE.

CASSANDRE, *surpris.*

Que vois-je? Quelqu'un près de ma fille!

COLOMBINE.

Mon père, voici M. Augustini.

CASSANDRE, *à Arlequin.*

Ah! c'est Monsieur qui est sourd-muet?

COLOMBINE.

Oui, mon père. (*à part.*) Je réponds pour lui.

CASSANDRE.

Un siége, ma fille. (*Colombine apporte un siége, Arlequin s'assied.*) (*Vivement.*) Ah! Monsieur, que j'ai de plaisir à vous voir!.... Couvrez-vous donc, je vous en prie.... Je vous jure que l'honneur que vous me faites en venant me consulter, n'égale pas encore la joie que j'éprouve... Je suis connu avantageusement.... médecin, chimiste, physicien, de père en fils, j'ose me flatter qu'il me sera possible de vous guérir des deux petites incommodités qui vous gênent maintenant.... Je dois vous dire aussi....

COLOMBINE, *l'interrompant.*

AIR : *Vaudeville de Monsieur Guillaume.*

Mais à quoi bon cette longue harangue,
Il ne répond et n'entend rien.

CASSANDRE.

Ah! que je suis étourdi! (*Prenant le bras d'Arlequin.*)
Tâtons le poulx...

Il est vif. (*Il lui fait signe d'ouvrir la bouche.*)

Voyons la langue......

Elle est un peu épaisse.

Notre malade n'est pas bien.

N'importe.

Sa guérison, j'en réponds, est certaine,
Grâce à mon remède nouveau.

Ainsi, pour commencer,

Vous ne prendrez, cette semaine,
Que du pain et de l'eau.

ARLEQUIN.

(*Sans être vu de Cassandre, il fait un signe de mécontentement, sur l'air : Quel désespoir!*)

COLOMBINE, *à part.*

Ah! le pauvre garçon!

CASSANDRE, *à Arlequin.*

Dormez-vous bien?.... Non, n'est-ce pas?.... Eh! c'est clair..... complexion sanguine... engorgement dans les vaisseaux.... sommeil interrompu.... A cela, j'ai encore un remède.

AIR : *Réveillez-vous, belle endormie.*

Chez monsieur, ne vous en déplaise,
Je vais vous tirer, à l'instant,
Pour vous mettre plus à votre aise,
Cinq ou six palettes de sang.

ARLEQUIN, *à part.*

C'est un bourreau que cet homme-là !

COLOMBINE, *vivement*, *à part.*

Ah ! mon Dieu ! il va le tuer....

CASSANDRE, *à Arlequin.*

Les jambes, comment vont-elles ?

COLOMBINE, *vivement.*

Très-bien, très-bien.

CASSANDRE.

La tête est lourde ?

COLOMBINE.

Non, fort légère.

CASSANDRE.

Le cœur agité, sans doute ?

COLOMBINE, *à part.*

Pas autant que le mien.

CASSANDRE.

Un bourdonnement continuel dans les oreilles ?

COLOMBINE.

Et un dépôt sur la langue.

CASSANDRE, *avec force.*

Je ne m'étonne plus à présent si vous êtes sourd-muet..... (*à Colombine.*) Mais qui t'a si bien instruite sur son état ?

COLOMBINE.

Lui-même, mon père ; et cela en nous écrivant par demandes et par réponses.

CASSANDRE, *réfléchissant.*

Oh ! sublime idée ! incomparable idée !... s'il en échappe, il est sauvé....

COLOMBINE.

Dites, mon père, tenez-vous toujours au pain et à l'eau, et aux six palettes de sang ?

CASSANDRE.

Non, non, j'ai un remède plus efficace..... Oui, illustre jeune homme, ta guérison servira de trophée à ma gloire !

ARLEQUIN, *à part.*

Oh ! que vais-je devenir ?

COLOMBINE.

Qu'allez-vous lui faire ? (*à part.*) Je tremble !

CASSANDRE, *avec vivacité.*

Je vais te l'expliquer.... Pendant trente ans, je me suis occupé de la confection d'une nouvelle machine électrique, dont les effets, semblables à ceux du canon, devront, en disloquant tous les membres, même de l'homme le plus robuste, donner au malade un nouvel être....

ARLEQUIN, *à part.*

Oh! sangodémi! c'est aujourd'hui mon dernier jour.

COLOMBINE, *émue, à part.*

Ah! quel projet! (*haut.*) Savez-vous bien, mon père, que votre machine électrique est plutôt une machine infernale?

CASSANDRE.

Ignorante! ne raisonnez pas, et prosternez-vous!

AIR : *N'en demandez pas davantage.*

>Oui, pour cette opération,
>Je mets la physique en usage:
>De ma nouvelle invention,
>Vous sentirez l'effet, je gage.
>Je veux vous guérir,
>Ou vous voir périr.

COLOMBINE.

N'en demandez pas davantage.

ARLEQUIN, *tremblant.*

Il ne m'en faut pas davantage.

(*Cassandre sort.*)

SCENE VIII.
COLOMBINE, ARLEQUIN.

COLOMBINE.

Je suis encore toute tremblante.

ARLEQUIN, *se levant.*

Et moi, ma bonne amie, je suis déjà presque mort... Oh! vraiment, je ne doute plus que ton père ne soit médecin.... Mais, dis-moi, persistera-t-il à me tuer? moi qui ai si bonne envie de vivre!

COLOMBINE.

Pour éviter cela, je ne vois qu'un moyen....

ARLEQUIN.

Et moi aussi, c'est de parler avant l'opération.... Je frissonne encore : regarde-moi; je dois être bien pâle, n'est-ce pas?

AIR : *Viens donc, mon Aline.* (de la Cinquantaine.)

>Ah! ma Colombine,
>L'amour me lutine;
>Mais la médecine
>Cause mon tourment.
>Pour te mieux prouver ma flamme,
>Vais-je aujourd'hui rendre l'âme?

COLOMBINE.

Non, pour être amant,
Il faut être vivant.

ENSEMBLE.

ARLEQUIN.	COLOMBINE.
Ah! ma Colombine,	Pour ta Colombine,
L'amour me lutine;	L'amour te lutine;
Mais la médecine,	Mais la médecine
Cause mon tourment.	Te fait son amant.

COLOMBINE.

Ne craignons rien de mon père,
Il parle mieux qu'il n'opère,
Et tout son talent
Se réduit au néant.

ENSEMBLE.

COLOMBINE.	ARLEQUIN.
Pour ta Colombine,	Ah! ma Colombine,
L'amour te lutine;	L'amour me lutine,
Mais la médecine	Mais la médecine
Te fait mon amant.	Cause mon tourment.

ARLEQUIN.

Ce que tu viens de me dire commence à me tranquilliser un peu.

SCÈNE IX.
GILLES, ARLEQUIN, COLOMBINE.

GILLES.

Parlez donc, Monsieur le Muet, il paraît que vous n'êtes pas aveugle?.... Savez-vous bien que c'est ma femme que vous cajolez là.

ARLEQUIN, *bas à Colombine.*

En attendant ma mort, amusons-nous du sot.

(*Il exprime son amour à sa maîtresse, et lui baise la main avec transport, sur l'air : Il faut des époux assortis.*)

GILLES.

Qu'est-ce que cela veut dire, Mademoiselle? Je crois que vous souffrez que Monsieur vous conte des douceurs..... Me prenez-vous déjà pour votre mari?... dites?.... heim?...

COLOMBINE.

Au contraire; car si vous n'avez que moi pour épouse, vous courez grand risque de mourir comme vous êtes né.

GILLES.

Et comment suis-je né, s'il vous plaît?

COLOMBINE, *ironiquement.*

Fort joli garçon, M. Gilles.

GILLES.

Eh bien, c'est ce qui vous trompe..... je suis ténébreux comme les tempêtes du théâtre de Pierre.

COLOMBINE, *riant.*

Vraiment!

GILLES.

Oui, Mademoiselle; il n'y a pas mon pareil sous l'atmosphère. Les révolutions des planètes, d'après le système de Tichobrahé, ne sont pas plus dangereuses que moi, lorsque je me vois éclipsé par un rival.

ARLEQUIN, *à part.*

L'éclipse sera totale. (*Il donne des coups de batte sur les épaules de Gilles.*)

GILLES.

Tiens! est-ce qu'il entend, le sourd?

COLOMBINE.

Ne voyez-vous pas qu'il plaisante?

GILLES.

Je commence à croire que nous avons mal fait de donner asile à cet homme-là : il est brutal.... sournois.... Je suis sûr qu'il a le cœur noir comme la physionomie.

AIR : *de la ronde de Rabelais.*

L'homme que partout on cite,
Me paraît fort ennuyeux,
Il n'a que le sot mérite
De ne pas parler.

COLOMBINE.

Tant mieux,
Le bavard, le méchant
Devraient se taire au plus vite,
Et vous, premièrement,
Devriez en faire autant.

GILLES.

C'est-à-dire que vous voudriez que je devinsse muet?.... Joli souhait!.... ingrate! cruelle!

AIR : *du Vaudeville de Claudine.*

Votre dureté m'accable :
Quand je vous fais les yeux doux,
Vous avez l'air inflammable;
Aussi je brûle pour vous.
J'espérais, fille jolie,
En nous alliant tous deux,
Trouver l'uranographie
Dans mon cœur et dans vos yeux;

COLOMBINE, *riant.*

Quoi! tout de bon?

GILLES.

Oui, Mademoiselle; mais je vois bien que si cela continue, je ne serai Uranographe que dans le ciel.

ARLEQUIN.

(*Il fait signe à Gilles qu'il aime Colombine*, sur l'air : *Je t'aime tant !*)

GILLES.

Oui, c'est comme cela? eh bien, je vais te parler avec mes doigts.

(*Il fait différens gestes*, sur l'air : *Tu n'auras pas, petit polisson.*)

ARLEQUIN.

(*Il menace Gilles, et le frappe*, sur l'air : *Pan! pan! pan!*)

GILLES.

Va, va, maudit rival, tu as beau frapper, je serai toujours son mari !

ARLEQUIN.

(*Il se moque de Gilles*, sur l'air : *Va t'en voir s'ils viennent, Jean.*)

GILLES.

Au fait, c'est se cogner la tête contre un mur, que de vouloir faire parler à un sourd !

COLOMBINE.

Nous nous entendons cependant bien ensemble.

GILLES.

Ah! Mademoiselle, il ne suffit pas que j'aie déjà pour rival votre parisien d'Arlequin, il faut encore que vous ayiez pour amant M. Augustini ! Apprenez qu'à la fin cela me blesse, et que je vais en instruire l'auteur de vos jours.

COLOMBINE.

Allez, vîte.

GILLES.

Ah! vous me raillez, serpent féminin ! (*à Arlequin.*) Quant à toi, pour me rappeler ta figure et tes grossièretés, je n'aurai pas besoin de faire un cours de Mnémonique.

ARLEQUIN, *à part.*

Comment, sangodémi ! elle est venu jusqu'à Bergame?

COLOMBINE.

Mnémonique?... Que voulez-vous dire par là ?

GILLES.

Ce que j'ai lu. On ne reçoit pas le feuilleton, non!... c'est mon parent qui le rédige !

Air : *Mes chers amis, pourriez-vous m'enseigner.*

Pour devenir un homme de renom,
Suivez un cours de mnémonique,
Un Cicéro rappelle un Cicéron,
Un piqueur rappelle une pique,
Un camard, c'est Néron,
Un grand plat, c'est Platon,
Et de Scipion,
Un damier fait l'histoire;
Enfin, lorsqu'on suit ce cours-là,
Sans s'arrêter tout droit on va
Dans le temple..... de la Mémoire.

COLOMBINE.

L'inventeur y est-il allé?

GILLES.

Oui, mais on dit que M. Fin-Merle est resté à la porte....

COLOMBINE.

Voilà ce que je voulais savoir; à présent, va t'en....

GILLES, *à part.*

Elle voudrait me voir bien loin! eh bien, pour la faire enrager, je resterai....

COLOMBINE.

M'avez-vous entendu, M. Gilles?

GILLES.

Oui, et sans vous écouter; car je reste, et je vais vous surveiller.

(*Il va s'asseoir sur l'un des coins de la scène.*)

ARLEQUIN, *bas à Colombine.*

Sais-tu que s'il continue, je vais lui dire un mot plus haut que l'autre.

COLOMBINE, *bas à Arlequin.*

Chut!... il n'est pas encore tems.

GILLES, *réfléchissant.*

Ah! réflexion judicieuse..... cet homme me paraît suspect.... Les beaux yeux de Colombine lui donnent dans l'œil; il peut m'enlever mon amante; et comme la prudence et moi, nous ne faisons qu'un... agissons en conséquence.

(*Il sort.*)

SCÈNE X.

CASSANDRE, ARLEQUIN, COLOMBINE.

CASSANDRE, *à la cantonnade.*

Gilles! où vas-tu donc?

GILLES, *dans la coulisse.*

Je reviens, je reviens.

CASSANDRE.

Me voici de retour. Encore un quart-d'heure, je ne serai plus Cassandre, tout court.

ARLEQUIN, à part.

Je le crois, car il aura un pied de nez.

CASSANDRE.

Ma fille, une plume et de l'encre.

COLOMBINE.

Voilà, sur cette table, tout ce qu'il vous faut.

ARLEQUIN, bas à Colombine.

Pendant qu'il est en train, j'ai envie de lui dicter mon testament.... qu'en penses-tu?

COLOMBINE.

Ne parle donc pas de cela, tu me fais peur.

CASSANDRE, *quittant la plume et présentant un papier à Arlequin.*

Voilà ce que c'est, Monsieur; veuillez vous donner la peine de lire.

COLOMBINE, *prenant le papier.*

Permettez qu'avant je parcours.... (*Elle lit.*)

AIR : *du Vaudeville des deux Jocrisses.*

Grace à vous, je vais démontrer
Combien ma science est utile;
Monsieur, je vais vous opérer,
Résignez-vous, soyez docile.
Nous allons commencer;
N'allez pas vous lasser :
Livrez-moi votre tête,
Et croyez, sans tant balancer,
Que votre affaire est faite.

Répondez à ce billet. (*Colombine présente le papier à Arlequin, en lui faisant signe de lire.*)

ARLEQUIN.

(*Après avoir lu, il écrit à son tour et remet son billet à Cassandre.*

CASSANDRE, *prenant le papier et lisant.*

AIR : *Jeunes filles, jeunes garçons.*

Bien que votre art soit sans égal,
Je suis sourd-muet de naissance,
Et toute votre expérience
Ne ferait qu'accroître le mal.
De votre prompte cure
Je crains le prompt danger :
Un sage doit songer
Qu'on ne peut corriger
La nature.

COLOMBINE.

Mon père, ce qu'il dit là est juste.

CASSANDRE.

Je me doutais bien qu'il ne se rendrait pas à mes justes raisons; mais j'ai tout prévu, et je saurai l'y contraindre. *(Il écrit.)* Une fois, deux fois, trois fois, voulez-vous vous laisser opérer?

ARLEQUIN.
(Il écrit sur du papier le mot Non.)

CASSANDRE, *lisant.*

Non? Allons, voilà qui est décidé : aux grands maux il faut de grands remèdes ; Gilles aura beau se récrier, il me faut un nom ; l'honneur parle, et je dois obéir..... Ma fille, retiens Monsieur, ne le laisse pas sortir ; je suis à toi dans un moment.   *(Il sort.)*

SCÈNE XI.
ARLEQUIN, COLOMBINE.

ARLEQUIN, *hors de lui.*

C'en est fait, me voilà pris dans mes propres filets! Ma bonne amie, il n'y a plus qu'un moyen à prendre pour dérober ma vie à ton barbare père, c'est de fuir ensemble, si tu ne veux pas m'exposer davantage.

COLOMBINE.

Y penses-tu, Arlequin? moi quitter la maison paternelle!

ARLEQUIN.

Allons, point de scrupules, tu ne seras pas la première.

COLOMBINE.

Mon cher Arlequin, calme tes sens ; je ne puis céder à ta prière : mais va m'attendre au jardin, je ne tarderai pas à m'y rendre, et là, nous arrangerons un nouveau plan d'attaque plus certain et moins dangereux.

ARLEQUIN.

Il suffit..... je t'attends.
(Il va pour sortir, Cassandre entre et le retient.)

SCÈNE XII.
CASSANDRE, ARLEQUIN, COLOMBINE.

ARLEQUIN, *stupéfait, à part.*

Oh! sangodémi! voilà le diable.

CASSANDRE, *ramenant Arlequin.*

AIR : *Prenons d'abord l'air imposant.*

Je veux que l'on parle toujours
De l'immortel et grand Cassandre ;
Car le plus illustre des sourds,
Etonné, va bientôt m'entendre.

(*à Arlequin.*) Votre guérison, dès ce soir,
Sera ma seule récompense;
En livrant votre âme à l'espoir,
Sachez lire votre sentence.
(*Cassandre déploie un transparent sur lequel est écrit:*
LAISSEZ-VOUS OPÉRER, ET MA FILLE EST A VOUS.)

COLOMBINE, *riant.*

Ah! mon père, serait-il vrai?

CASSANDRE.

Oui, ma fille, ma parole est irrévocable : qu'il me couvre de gloire, et mon sang est à lui.

ARLEQUIN.

(*Il exprime sa joie*, sur l'air : *La victoire est à nous.*)

COLOMBINE, *bas à Arlequin.*

Accepte, et ne crains rien..... Mon père, Arlequin, me fait signe qu'il consent à tout.

CASSANDRE.

Victoire! victoire!

SCENE XIII.
CASSANDRE, ARLEQUIN, COLOMBINE, GILLES.

CASSANDRE, *courant.*

Ah! Gilles, tu viens fort à propos!

GILLES, *à part.*

J'en attends un autre qui va venir encore plus à propos que moi.... Mais, chut! les murs ont des oreilles.

CASSANDRE.

Apprends, mon ami, qu'il a consenti.... Ainsi, mettons-nous à l'ouvrage.... Monsieur Augustini, asseyez-vous dans ce fauteuil.

COLOMBINE, *bas à Arlequin.*

Fais ce qu'on te dit, je suis là.

CASSANDRE.

Gilles, donne-moi la chaîne miraculeuse.

GILLES, *lui donnant la chaîne.*

Que voulez-vous faire?

CASSANDRE.

Lui rendre la parole, en faisant sur lui l'épreuve de ma nouvelle machine.

GILLES, *à part.*

Et moi, je vais le faire chanter.

CASSANDRE, *à Gilles.*

Voici l'instant de te signaler aussi. (*Cassandre entoure le* corps d'Arlequin avec un bout de la chaîne, et donne l'autre bout à Gilles, qui entre avec dans le cabinet.) Allons, montre de l'intelligence.

AIR : *Astre des nuits, viens de tes voiles sombres.*
(Délia et Verdikan.)

Sans plus tarder terminons notre ouvrage :
Il doit produire un heureux résultat.
Dieu d'Hypocrate, affermis son courage,
A mon succès donne beaucoup d'éclat.
(*Bas à Arlequin.*) Vous allez être mon gendre
(*à Gilles.*) Va dans ce cabinet-ci.
(*à Colombine.*) Toi, restes-là pour l'entendre,
S'il parle, il est ton mari.

ENSEMBLE.

ARLEQUIN, *bas à Colombine.*
Oui, bientôt ils vont m'entendre,
Et je serai ton mari.

COLOMBINE, *bas à Arlequin.*
Oui, bientôt feignant d'entendre,
L'Amour te fait mon mari.

CASSANDRE, *à part.*
Oui, je vais le faire entendre,
Et je triomphe aujourd'hui.

GILLES, *paraissant à la porte du cabinet.*
Pour moi, qui sait vous comprendre,
Vîte au signal me voici.

(*Pendant ce refrain, Colombine détache la chaîne d'Arlequin, et l'attache au dos de la chaise.*)

CASSANDRE, *parlant à Gilles, à la porte du cabinet.*
Gilles, un tour de manivelle, et lâche tout.

(*A ce moment, on entend une explosion semblable à un fort coup de pistolet.*)

ARLEQUIN, *avec force.*
Je suis mort.

TOUS, *avec force.*
Il a parlé.

AIR : *de l'Ouverture du Jeune Henri.*
Chantons, répétons pour refrain :
Cassandre vivra dans l'histoire,
Clio gravera sur l'airain :
« Il fut le premier médecin. »

ARLEQUIN.
Enfin je suis l'époux
De mon aimable Colombine.

GILLES.
Non, vraiment, entre nous,
D'épouser seul, je suis jaloux.

COLOMBINE, *à Gilles.*
Mais vous perdez la raison,
Mon père à monsieur me destine.

ARLEQUIN.
Pour prix de ma guérison...

GILLES.
C'est moi qui l'épouse.

CASSANDRE, *repoussant Gilles.*
Chanson !

TOUS, *excepté Gilles.*
Chantons, répétons pour refrain :
Cassandre vivra dans l'histoire ;
Clio gravera sur l'airain :
« Il fut le premier médecin. »

GILLES.
C'est affreux, M. Cassandre, de manquer ainsi de parole !

CASSANDRE.
Mais je la tiens, en donnant ma fille à M. Augustini.

COLOMBINE, *feignant.*
Non, mon père, réflexion faite, je ne consens pas à ce mariage.

GILLES.
Vous l'entendez, c'est de moi dont elle veut.

COLOMBINE.
Non, Monsieur, mais bien d'Arlequin.....

CASSANDRE, *à Gilles, surpris.*
Arlequin ?

GILLES.
Eh quoi ! c'est là un Arlequin ?

CASSANDRE.
Comment se fait-il....?

ARLEQUIN.
Je vous conterai tout cela.

GILLES.
Eh bien, puisque je n'épouse pas, je suis vengé : apprenez que j'ai dénoncé Monsieur, qu'on va venir l'arrêter, et que votre fille sera veuve avant la noce.

4

ARLEQUIN.

Vous êtes prévoyant, mon cher; mais je reprends mon nom d'Arlequin, et si la justice veut s'emparer d'un faux sourd-muet, elle ira le chercher à Paris.

COLOMBINE.

Oui, et nous allons bien rire à vos dépens.

GILLES, *avec colère.*

AIR : *De sommeiller encor, ma chère.*

Puisqu'en ces lieux chacun me raille,
Je retourne chez mon papa;
Avec vous trois je romps la paille,
Mais je ne m'en tiendrai pas là.
Je vous en veux, j'en veux au monde,
J'en veux à tout le genre humain;
Et dans mon humeur furibonde,
Je vais me faire médecin.

(*Il sort précipitamment.*)

SCÈNE XIV ET DERNIÈRE.
CASSANDRE, ARLEQUIN, COLOMBINE.

CASSANDRE,

MÊME AIR.

Mon élève, dans sa furie,
En criant vient de m'attendrir,
Mais de cet excès de folie,
Je prétends un jour le guérir.

Quant à moi,

Suivant une bonne doctrine,
Pour Esculape, j'ai le vin,
Et je veux que la médecine
N'enterre pas le médecin.

ARLEQUIN.

Je maudissais votre art sublime,
Mais j'avais tort assurément :
Ma Colombine me ranime,
Et je me trouve mieux portant.
Pour nous, qui tenons à la vie,
Désormais, chassant les chagrins,
L'Amour, Bacchus et la Folie,
Chez nous, seront nos médecins.

COLOMBINE, *au Public.*

Notre auteur, pour cette incartade,
Est là... dans l'agitation ;
Il a recours, comme malade,
A votre consultation.
Pour le guérir de sa souffrance,
Le remède est dans votre main,
Faites, messieurs, que l'indulgence
Soit aujourd'hui son médecin.

FIN.

De l'Impr. D'HÉNÉE et DUMAS, rue S.-André-des-Arcs, n°. 3,
ancienne maison de feu M. Knapen.

170

www.ingramcontent.com/pod-product-compliance
Lightning Source LLC
Chambersburg PA
CBHW060712050426
42451CB00010B/1409